sein, wogegen man anzukämpfen hat, mit ganzen Legionen von Neonlichtern. Aber vielleicht gibt es eine Art Erkenntnis der Welt im Dunkeln. So wie eine Landschaft ihre Form im Schnee anders wiedergibt. Dunkelheit macht Angst. Muß das sein?
Sicher, wer Winter sagt, meint eine Zeit der Kälte, der Dunkelheit, des Rückzugs, der Enttäuschung und Ernüchterung vielleicht. Wir sind es jedenfalls gewohnt, diese Begriffe eher mit negativen Gefühlen zu verbinden. Aber wer durch die gefrorene Erde hindurch tiefer gräbt, findet Wärme und verborgenes Leben, das sich aufs Blühen und Früchtetragen vorbereitet. So könnte es doch sein, daß Winter in vielen andern Lebensbereichen etwas Gutes und Notwendiges meint. Wer Winter sagt, nennt einen Abschnitt im Jahreskreis. Seit Jahrmillionen hat sich alles Lebendige im Rhythmus der Jahreszeiten entwickelt. Und noch heute weiß jeder Landwirt und Gärtner, wie sehr jedes Wachstum von den Jahreszeiten abhängt. Alles Lebendige ist eingebunden in den großen Rhythmus von Aufblühen und Vergehen, von Kommen und Gehen, von Anfangen und Aufhören, von Wagen und Zaudern, von Aufbrechen und Heimkehren ... Und doch: es scheint, daß unsere Zeit alles unternimmt, um diesen Rhythmus durcheinander zu bringen. Man will alle Früchte zu jeder Jahreszeit, man geht im Winter in die Badeferien und fährt im Sommer Ski usw. Ob das für den Menschen gut ist? Bei vielen starken Persönlichkeiten unserer Zeit kann man feststellen, daß sie eine starke Verwurzelung im Rhythmus der Tage und Jahreszeiten haben.

Eine neue Sensibilität für das Winterliche in allem Lebendigen gewinnen heißt eine neue Einstellung zur Zeit finden. Ich bin überzeugt, daß wir viel zu wenig langsam sind, sagt Robert Walser. Und steht damit quer zum Trend unserer Zeit, in der es nie schnell genug gehen kann. Wir kennen den Begriff von der nützlichen Frist. Wissen wir immer so genau, was wirklich nützlich ist? Vielleicht sollten wir uns und andern für viele Aufgaben mehr Zeit zur Verfügung stellen. Zugegeben, man

kann auch zuviel Zeit zur Verfügung haben. Ob uns das Gespür fürs Wachsen und Reifen fehlt?
Die Kreativitätsforschung weiß, daß es für vieles eine Zeit der Ideenfindung (eine Inkubationszeit) braucht, und erst dann können gute Lösungsvorschläge kommen. Warum sollte das für den zwischenmenschlichen Bereich nicht auch gelten? Ich denke, daß hier ein fruchtbares Nachdenken über unser Verhältnis zur Jugend ansetzen könnte. Oder haben wir wirklich genug Gespür und Geduld für das Winterliche, für das Brachliegende in unserer Jugend? Alles hat seine Zeit, streiten und Frieden finden, Distanz und Nähe spüren, kämpfen und zärtlich sein, aufgeben und durchhalten. Wer ein Gespür für das Winterliche in und zwischen Menschen hat, kann eher gewähren lassen. Daß man in einer bestimmten Angelegenheit nichts unternimmt, kann ein bewußter und verantworteter Entscheid sein.

Der Winter kann eine notwendige Zeit der Nachbereitung werden. Erlebnissen aus der Hoch-Zeit des Sommers können wir im Winter nachspüren. Wir gewinnen Distanz und spüren vielleicht, daß sich so manche Dinge anders gewichten. Was mitten in der sommerlichen Betriebsamkeit so wichtig erschien, verliert an Bedeutung, wenn Schnee drauf fällt und umgekehrt. Gut, wenn auf diese Weise viele Ereignisse und Erfahrungen ihren Platz in der Lebensgeschichte finden. Besser jedenfalls, als wenn zuviele Erlebnisse in uns herumschwimmen, ohne daß sie ihren Sinn und ihre Bedeutung entbergen.
Der Winter ist auch die Zeit der Vorbereitung. Wir können Kräfte sammeln, Pläne schmieden, mit größerer Sorgfalt Beziehungen und Aufgaben überdenken und der Phantasie Raum geben, damit sie bereitet ist zum Aufbrechen wie das Grün aus den Knospen.
Wieviele Winter hast du auf dem Rücken? So fragt man in nördlichen Ländern, wenn man wissen will, wie alt jemand ist. Dahinter steckt eine Lebensweisheit, die eher gegen den Strich unserer Zeit steht. Entscheidend für reifes Menschsein ist demnach nicht das Laute und Äußer-

liche, sondern das, was einer an Erfahrung nach innen kehren und in seine Persönlichkeit integrieren kann. Entscheidend ist nicht das äußerlich wahrnehmbare Resultat, die meßbare Ernte, sondern die Kraft, die aus innerem Wachstum kommt; die Jahresringe, die sich innen anlegen; die Einstellung zum Leben, getragen von Dankbarkeit, Zuversicht und Geduld mit sich selbst.
So können wir vieles lernen und neu erfahren, beim Innehalten, wenn es Winter wird.

Brachzeit

Vom Winter lernen
der Stille zu vertrauen
der Sprengkraft des Unsichtbaren
und dem Sammeln in den Kammern
während der
Brachzeit

Vom Winter
wieder lernen
sich überschneien zu lassen
ohne Furcht

Eveline Hasler

Winter ist die Zeit der Brache. Draußen liegt Schnee. Die Natur ruht sich aus.

Die Brache ist (nach Wahrigs „Wörterbuch der deutschen Sprache") gepflügtes, unbebautes Land. Die Brache ist auch die Zeit, während der ein Acker unbebaut bleibt, damit sich der Boden erholen kann.

Aus der Schulzeit wissen wir, daß die Dreifelderwirtschaft der Germanen immer für ein ganzes Jahr einen Drittel der Ackerfläche unbebaut ließ. Wohl eine kluge Einrichtung, die mir bis heute wie eine Mahnung für so manches im Leben vorkommt, was mit Ausbeutung im weitesten Sinn zu tun hat.

Auch ohne Dreifelderwirtschaft müßten wir durch die jährliche Wiederkehr des Winters den Sinn für Brachzeiten ausgebildet haben. Wir erleben die Natur in der Phase des Ruhens. In der Erde ruhen Samen, Knollen und Zwiebeln. Einige Tiere schlafen in Höhlen und Nestern ihren Winterschlaf. Pflanzen, Sträucher und Bäume stehen entlaubt da, ohne sichtbare Zeichen ihres Lebens. Sie existieren gleichsam nach innen gekehrt, sammeln Kräfte, um sich erneut zu veräußern.
Ist es nicht so, daß wir heute in manchen Belangen den Sinn fürs Ruhenlassen und Kräftesammeln verloren haben? Wir erwarten immer gleich Erfolg. Was nicht sofort ein sichtbares Resultat zeitigt, wird beiseite geschoben. In einer Zeit, in der scheinbar alles machbar ist, wenn man nur die richtigen Leute organisieren läßt, hat es der Sinn für Brachzeiten schwer. Wir brauchen den Ausdruck „brach liegen" ja auch vorwiegend im negativen Sinn. Was brach liegt, muß aktiviert werden, meinen wir. Das ist ein Irrtum. Wer eine Aufmerksamkeit von innen heraus hat für das, was in einer Frage, in einer Beziehung, in einem Geschäft brach liegt und vielleicht brach liegen muß, der kann auch zur rechten Zeit in der scheinbaren Passivität einen Sinn sehen. Er wird dann schon wieder spüren, wann die Zeit fürs Tätigwerden reif ist.
Uns fehlt die Tugend der Geduld. „In kürzester Zeit" und „spielend leicht" sind die Stichworte unserer Gesellschaft. Wenn ich etwas lernen will, eine Sprache zum Beispiel, oder wenn ich etwas aufbauen will, dann wird mir kaum gesagt, daß es dazu Geduld und einen langen Atem braucht. Erfolg oder Geld zurück, sagen die Verkäufer und Berater. Wer nicht profitiert, ist selber schuld ... Dabei ist dies noch immer wahr: wenn im Menschen etwas wachsen und Gestalt bekommen soll, dann kommt es darauf an, daß der Acker in uns für den Samen bereit ist. Und der Acker braucht von Zeit zu Zeit die Brache, sonst wird er ausgelaugt und taugt nicht mehr. Lernen wir vom Winter das Ruhenlassen. Lassen wir uns überschneien, ohne Furcht, wie Eveline Hasler sagt. Es wird uns gut tun. Vieles wird sich in der Zwischenzeit wie von selbst ergeben. Für anderes wird es Frühling werden. Und Sommer, die Zeit der Aktivität und der schnellen Entscheide.

Kälte

Als Kind graute mir vor dem Winter. Mich fror schon beim bloßen Gedanken an diese Jahreszeit. Wie ungeschützt und ausgesetzt kam ich mir vor, wenn mich die Eltern auf den Familienspaziergang mitschleppten! Schaudernd sah ich meinen Brüdern zu, die voll Übermut junge Bäumchen schüttelten und sich einen Spaß daraus machten, sich vom heruntergleitenden Schnee weiß überpudern zu lassen. Ich vermied es ängstlich, den kalten Schnee zu berühren. Meine Finger wurden ohnehin steif und klamm vor Kälte, trotz wollener Handschuhe. Die Zehen spürte ich schon gar nicht mehr. Am liebsten hätte ich sie eingezogen, wie Katzen ihre Krallen unter das schützende Fell ziehen können. Nur tüchtig bewegen, das hält warm, hieß es dann. Aber wie konnte ich mich denn in diesem feindlichen Element bewegen! Lieber wollte ich in Deckung gehen, regungslos in mich hineinverkrochen verharren, abwarten, bis die Sonne wieder wärmende Kraft spendet.
Kälte zieht zusammen. Kälte macht eng. Das Blut zirkuliert auf einer enger umschriebenen Bahn. Die Blutgefäße der Körperoberfläche schließen sich, um einem inneren Wärmeverlust vorzubeugen. Durch das Anspannen der Muskulatur wird das freie Strömen des Blutes zusätzlich behindert. Der Körper wird steif, die Glieder sind gefühllos; der Mensch verliert die Kraft, der Kälte zu widerstehen.
Meine Eltern hatten schon recht: tüchtig bewegen hält warm. Es ist ja ganz logisch; durch Bewegung entsteht Muskelwärme, welche im unverkrampften Körper vom Blutstrom bis in die äußersten Fingerspitzen getragen wird. Welch herrliches Gefühl dann, diesen Lebensstrom im Körper zu spüren und aus dieser Kraft der Kälte zu trotzen! Es ist dann nicht mehr ein passives Über-sich-ergehen-lassen, sondern ich vermag mich aktiv dem Winter entgegenstellen.

Schnee

Draußen schneit es. In einer Sonderschule schaut ein kleines Mädchen, von Geburt an gehörlos, aus dem Fenster. Plötzlich wendet es sich einer Heimerzieherin zu und sagt: „Einmal möchte ich hören können, wie es schneit!"

S*tadt im Schnee.* Ein Fläumchen genügt, und schon hat die Stadt ein anderes Gesicht, verändert der aufgezwungene Rhythmuswechsel wenigstens vorübergehend die Einstellung der Bürger. Von Pünktlichkeit, die uns von klein auf als sehr wichtig eingehämmert worden ist, kann allen Anstrengungen zum Trotz keine Rede mehr sein. Auf Schnee läßt sich beim besten Willen nicht schnell gehen – und fahren schon gar nicht. Da hilft weder fluchen noch hupen; gottergebenes Dreinschicken – uns Fleißigen so fremd geworden – ist die einzig mögliche Reaktion.

Die Stadt im Schnee wird ruhiger und friedlicher. Die Lähmung der Hektik wirkt erholsam, der Tanz der Flocken besänftigt. Verschneite Autos verlieren ihre Aggressivität, häßliche Baugruben verwandeln sich in surreale Plastiken, das Drahtgewirr über Straßen und Plätzen erinnert an riesige Spinnennetze, der weiße Schneeschnauz der Tram an die Jungfraubahn. Halbstundenweise sind in unserer durchorganisierten Stadt sogar ganze Straßenabschnitte gesperrt – länger bleibt die Natur aber nicht Sieger. Da rattern schon Räumungskolonnen heran, und sofort liegt das bißchen Schnee nur noch dort, wo der (normale?) Tagesablauf nicht mehr gestört wird. Die Natur ist bezwungen, die unerwünschte Bremse gelöst, die Ordnung wiederhergestellt. (Werner Ehrensperger)

H*aus.* Wenn richtiger Schnee liegt, lernt man zuerst, was das ist: ein Haus. Da spürt man, was innen und außen ist. In den Bauernhäusern liegt die Küche oft auf der Wetterseite; die Eisblumen an den Fenstern sind hier besonders dick. Die Hausfrau hantiert im Winter mit präziser Eile. Dämpfe steigen aus den Kochtöpfen, Nebel schleicht in den Hausflur, wenn einer die Türe öffnet. Scheite werden unter die Pfannen geworfen und ins Feuerloch des Kachelofens in der Stube, um den sich jene scharen, die nicht gerade hinaus müssen. Man lädt sich mit Wärme auf, blickt zufrieden durch die kleinen Fenster, bis es wieder Zeit wird: für die Einkäufe, fürs Jauchefahren, zum Holzen. Die Wärme im Rücken, die Schneewüste in den Augen, wartet der Bauer auf die richtige Zeit. Ein geduldiger Rhythmus von Aufwärmen und Arbeiten, von Innen und Außen. (Martin Schaub)

E*skimo.* Schnee ist nicht gleich Schnee. Das wissen Skifahrer und Wintersportler. Pulverschnee, Naßschnee, verharschter Schnee, Sulzschnee, das sind geläufige Begriffe geworden. Sie beeinflussen unseren Entscheid, ob und wo wir skifahren wollen.
Nun lese ich, die Eskimos hätten über hundert Bezeichnungen für Schnee verschiedener Konsistenz. Für den Bau von Iglus muß es Oquaalsait sein, vom Sturm hartgepresster feinkörniger Schnee. Wenn der Eskimo diese Schneeart gefunden hat, kann er sich in zwei Stunden ein mittelgroßes Familieniglu bauen.
Schnee ist nicht gleich Schnee. Wir können unsere Fähigkeit der Wahrnehmung und Unterscheidung herausfordern lassen. Auch wenn wir kein Iglu bauen müssen. Übungshalber.

F*locken.* Große Schneeflocken zeigen auf der Waage ein Gewicht von etwa 0,14 Gramm. Ein Nichts von Schnee. Und doch, wie „gewichtig" werden viele dieser bescheiden anmutenden Schneekristalle zusam-

men! In einer Zeit, die von der Magie der Zahlen und Rekorde lebt, hat man dieses Schneegewicht berechnet. Hier das Resultat: Wenn auf einer Fläche in der Größe des Kantons Zug (239 qkm) 25 Zentimeter Schnee liegen, ergibt das ein Gewicht von mehr als 22 Millionen Tonnen.

Aber wenn sie lustig vom Himmel fallen, diese Tänzer des lieben Gottes, dann wird einem leicht ums Herz. Als Kinder versuchten wir, beim ersten Schnee mit dem Mund die köstlichen Dinger aufzufangen. Dabei stellten wir uns wie von selbst auf die Zehen, als ob wir uns von der Erdenschwere abstoßen wollten. Wir wurden selbst wie tanzende Flocken. Für ein paar Augenblicke. Stunden später war das Fortkommen mühsam.

W*eiß.* Ich kann mir schlecht vorstellen, daß ein wütiger Mensch in diesem Seelenzustand bleibt, wenn er im nächsten Augenblick der großen weißen Arena der Walliser Berge gegenübersteht. Die weiße Weite einer Schneelandschaft macht die meisten Menschen sanft und still. Das Weiß ist leise, unaufdringlich, mild und eine Erholung für die Augen. Weiß ist der Inbegriff von Reinheit und Lauterkeit. Weiß drängt sich nicht auf, ist demütig und schafft Raum . . .

„Weiß ist ein großes Schweigen", sagt Kandinsky, „aber voll Möglichkeiten wie das Nichts vor der Geburt." Das ist es wohl, was uns so trifft und in eine ganz andere Seelenlage bringt, wenn wir vor einer großen weißen Schneelandschaft stehen: ein Raum von Möglichkeiten tut sich auf, wir haben Zukunftsland, das wir betreten dürfen; aber nicht stürmisch und ohne Überlegung, sondern behutsam und vernünftig, denn ein jeder Fußabdruck bleibt und verändert die weiße Fläche.

Und wir reden auch vom weißen Tod. Das Weiße – das Milde und Sanfte – braucht den Gegenpol, das Schwarze. Und die bunte Farbpalette der andern Jahres- und Lebenszeiten.

S*prache.* Nach langen und heftigen Gesprächen ein Gang hinaus in die kalte Winternacht. Der Schnee macht die Landschaft hell und mild, obwohl der Mond nicht leuchtet. Langsam fallen die Gesprächsfetzen von mir. Der kalte Wind kühlt den verrauchten Kopf. Das wirre Gedankenbündel löst sich langsam.
Dann ganz plötzlich die Sehnsucht nach wortlosem Einverständnis mit den Wurzeln des Lebens. Ich möchte mich dort niederlassen, wo Wurzelkraft spürbar wird, ein Dasein jenseits der Sprache. Ich denke an die gegenstandslose Meditation im Zen, an die weiße Fläche, das Fallen- und Ziehenlassen aller Gedanken. Dann wieder der Blick auf die Schneelandschaft. Da ist sie ja, die weiße Fläche. Im Blick auf den Schnee und im Schutz der Dunkelheit erholt sich mein Geist und meine Seele. Die Sprache kann neue Kraft gewinnen.
Jahre später finde ich ein Gedicht eines nordischen Dichters, das viel von dem enthält, was ich an diesem späten Abend in der kalten Winternacht empfunden habe:

Überdrüssig aller, die mit Worten,
Worten, aber keiner Sprache daherkommen,
fuhr ich zu der schneebedeckten Insel.
Das Wilde hat keine Worte.
Die ungeschriebenen Seiten
breiten sich nach allen Richtungen aus!
Ich stoße auf die Spuren von Rehhufen im Schnee.
Sprache, aber keine Worte.

Tomas Tranströmer

Um Mitternacht begann es zu schneien. Es ist wahr, am besten sitzt man in der Küche, selbst wenn es die Küche der Schlaflosigkeit wäre. Dort ist es warm, du kochst dir was, trinkst Wein und schaust durchs Fenster in die vertraute Ewigkeit. Wozu dich quälen, ob Geburt und Tod nur Punkte sind, da doch das Leben keine Gerade ist? Wozu dich grämen mit einem Blick in den Kalender und sorgen, wie viel auf dem Spiel steht? Wozu gestehen, du hättest kein Geld, um Saskia Schuhe zu kaufen? Und wozu solltest du prahlen, du littest mehr als die anderen? • Selbst wenn es auf Erden keine Stille gäbe, dies Schneien hat sie schon erträumt. Du bist allein. So wenig Gesten als möglich. Nichts zur Schau. • Vladimir Holan, übersetzt aus dem Tschechischen von Otto F. Babler.

Appenzellerland

In dem nebenstehenden Holzschnitt hat der Künstler ein Stück meiner näheren Umgebung, des Appenzeller Vorderlands, eingefangen. Es ist ein Voralpengebiet mit weichem Hügelgelände, das sich vom Bodensee den Rhein entlang Richtung Süden zieht.
Es ist keine abgelegene, einsame Landschaft. Die Städte und größeren Dörfer liegen nahe (St. Gallen, Bregenz, Rorschach). Nur im Winter kann es sein, daß man sich auf einem Spaziergang fast plötzlich ganz weit weg von jeder menschlichen Behausung vorkommt. Die Landschaft hat einen urtümlichen, nahezu vorgeschichtlichen Charakter. Da steht ein Baum, ein verfallenes Haus, ein Felsbrocken – und auf allem liegt eine dicke Schneeschicht, ohne Weg, nicht einmal ein Trampelpfad ist zu erkennen.

Dunkelheit

Wir haben Angst vor ihr. Eine dunkle Geschichte ist verdächtig. Geächtet ist das „dunkle" Mittelalter. Künstliches Licht ist der große Gleichmacher. Wir kennen die Dinge bei Licht und wir wollen sie nicht anders sehen. Und je weiter wir uns von der Dunkelheit entfernen, um so fremder, unheimlicher, gefährlicher erscheint sie uns. Wir wollen alles mit dem Licht der Wahrheit durchdringen, wir loben die Klarheit des Geistes. Die Dunkelheit scheint dieser entgegenzustehen.
Und dies stimmt nicht. Die Welt im Lichte ist so wahr wie die Welt in der Dunkelheit. In der Dunkelheit offenbaren die Dinge andere Qualitäten als im Lichte. Und diese sind uns unheimlich. Unheimlich in dem Sinn, daß sie uns nicht heimlich, nicht heimisch bei uns sind.
Wohl die klassische Angstsituation in unserer Gesellschaft ist „nachts im Wald verirrt".
Wer sich verirrt, zeigt, daß er sich schon oberflächlich nicht auskennt. Und wer Angst hat, zeigt, daß er auch tiefer nicht Bescheid weiß.
Die Angst vor der Dunkelheit ist das Eingeständnis unserer Zivilisation, die Welt im Tieferen nicht zu kennen.

Man spricht heute viel von der Erweiterung des Bewußtseins. Hier liegt die einfachste, natürliche Erweiterung unseres auf das Licht beschränkten Bewußtseins: der Dunkelheit den ihr angemessenen Raum in unserem Leben zurückgeben. Die Welt im Licht der Dunkelheit zu sehen.
Ich erinnere mich – als wäre es heute – an ein Erlebnis vor vielen Jahren: ein Klassenkamerad von Freunden hatte bei einem Unfall das Augenlicht verloren, kam aber, dank deren Hilfe, gut über die Anfangsschwierigkeiten hinweg und blieb dem alten Lebensraum erhalten. Eines Abends holte ich ihn bei seiner Familie im vierten Stock eines

Reihenhauses ab. Die anderen riefen wohl von unten, wir sollten uns beeilen. Er verabschiedete sich schnell von seinen Eltern, ging hinaus in den Flur und sprang in großen Sätzen die Treppen hinunter, ohne, wie ich mit Entsetzen bemerkte, das Licht im Treppenflur angemacht zu haben. Sofort sprang ich zum Schalter, um – ja, warum? Ein Reflex, sonst nichts. *Er* brauchte das Licht nicht, um sich hier zurechtzufinden. Wir glauben es zu brauchen, auch dort, wo wir im Grund genommen alles kennen. In der Dunkelheit ist der Blinde sehend und der Sehende blind, weil der Blinde keine Angst vor der Dunkelheit hat und der Sehende verlernt hat, anders als bei Licht zu sehen. Wir haben die Fähigkeit, uns bei sehr wenig Licht zurechtzufinden. Diese Fähigkeit, wie jede andere, können wir üben oder verlieren. Das bequeme Leben mit der Elektrizität verführt uns leicht zu letzterem: wo drei Watt genügen würden, brennen einhundertfünfzig – wir haben's ja. Und bald haben wir es dann auch nötig. Wir können nicht mehr anders. Das Licht macht uns blind.

Seit fünf Jahren leben wir jetzt ohne elektrisches Licht. Und unmerklich hat sich unser Leben dem natürlichen Rhythmus von Tag und Nacht, von Sommer und Winter angepaßt: während im Sommer der Tag sechzehn Stunden dauert – gerade lang genug für all die dann anfallende Arbeit – begnügen wir uns im Winter fast mit der halben Zeit. Und auf dem Land ruht im Winter die Arbeit in einem bestimmten Sinn. Es mag unnatürlich sein, im Winter vielleicht zwölf oder fünfzehn Stunden zu schlafen. Und doch gewöhnt man sich an diesen Rhythmus, nicht nur von Tag und Nacht, sondern auch von Sommer und Winter. Was anderes ist der Winterschlaf als eine Folge des natürlichen Rhythmus von Sommer und Winter?
... und an langen Winterabenden kommt eine alte Sitte wieder zur Geltung: das Erzählen von Geschichten. Weder zum Erzählen noch zum Zuhören braucht man Licht. Im Gegenteil. Es stört.

Gisbert Bölling

Vorrat

Ich habe die Geschichte von Frederick sehr gern. Während sich seine Mitmäuse mit dem Einbringen von Vorräten abplagen, liegt er in der Sonne, genießt die Farben und bestaunt den blauen Himmel. Als er zurechtgewiesen wird, antwortet er nur: „Ich arbeite auch, ich sammle Sonnenstrahlen für die kalten, dunklen Wintertage." So bringt er Licht, Farbe und Wärme in sein Inneres als Vorrat für den Winter. Und es erweist sich, daß alles für das Überleben der Mäusefamilie nötig ist, Körner und Weizen und Farben und Wärme.

Seit wir hier wohnen, haben wir ganz neu Spaß und Freude am Vorräteanlegen bekommen. Auf Sommerwanderungen, beim Kräutersammeln und Beerenpflücken denken wir gern an den Winter. Und seitdem wir einen Garten haben, versuchen wir vermehrt, vom Überfluß des Sommers einen Teil in die kalte Jahreszeit hinüberzuretten, indem wir dörren und trocknen, heiß einfüllen und tiefkühlen. Der Winter ist so etwas wie ein geheimer Verbündeter geworden. Mit der wohligen Genugtuung, alles unter Dach und Fach gebracht, die Ernte eingeholt und die Regale in Küche und Keller gefüllt zu haben, läßt sich der Winter mit dem Schnee willkommen heißen, fast wie damals als Kind.

Vielleicht kann den Winter besser ertragen, auskosten und genießen, wer es gelernt hat, im Sommer und Herbst Vorräte anzulegen. Nicht nur solche zum Essen . . .

Und vielleicht, während wir von den Schätzen des Sommers zehren, können wir jetzt im Winter einen neuen Vorrat an Stille und Einkehr, an Muße und Beschaulichkeit anlegen. Das hilft uns, mitten in den überbordenden Aktivitäten der übrigen Jahreszeit den langen Atem zu bewahren. – Es geht auch hier um das rechte Verhältnis. Wir brauchen beides: die Zeit des Vorrätesammelns und die Zeit des Ausgebens und Verschwendens.

Versuchung

Manchmal, mitten im Sommer, eine Art Sehnsucht nach dem Winter. Anders als bei den Kindern, die, einer plötzlichen Erinnerung folgend, sich aus heiterem Sommerhimmel Schneeflocken wünschen, um mit ihnen zu spielen. Bei ihnen entspringt der Wunsch der reinen Lebensfreude, der Lust, der Kälte zu trotzen, in Schneehaufen zu waten, lärmend den Hügel herunterzusausen und mit Kameraden im weichen Schnee herumzutollen. Anders bei mir. Die Erinnerung an den Winter kommt aus dem Wunsch, eine weiße Decke möge gnädig zudecken, was mir über den Kopf zu wachsen droht: das Unkraut im Garten, die Läuse im Bohnenbeet, die wild wuchernden Sträucher . . . Winter als Versuchung, das Werkzeug aus der Hand zu legen, nichts tun zu müssen, nur zu lauschen auf die Stille des Flockentreibens. Winter als Versuchung, meiner Aufgabe auszuweichen, mich von den Erfordernissen des Alltags und den Bedürfnissen der Umwelt abzusetzen, um mich dank „höherer Naturgewalten" ungestört den Winterträumen hinzugeben. Wie schön, wenn die weiße Decke des Winters alle Unvollkommenheiten zudeckte, mich einhüllte und abschirmte vor allen an mich gestellten Erwartungen. In der Tat setzt der Winter Grenzen, er schränkt meine Aktivitäten ein. Manchmal würde ich die Grenzen, die der Winter setzt, schon im Sommer brauchen. Ich möchte leben lernen im Einklang mit den Jahreszeiten, in denen „alles seine Zeit" hat. Im Frühling ist nicht die Zeit der Ernte, im Sommer nicht die Zeit der Ruhe. Wenn ich mich den Anforderungen des Sommers stelle, werde ich erst guten Gewissens und dankbar die gnädige Decke des Winters begrüßen können. Vielleicht werde ich nach vielen (Garten-) Sommern und Wintern allmählich lernen, worauf es ankommt: auf den richtigen Einstieg im Frühling, auf das wachsame Mitgehen im Sommer, auf das Zurückgeben im Herbst und das Kräftesammeln im Winter.

Solidarität

Während wir am Fenster sitzen und uns am Anblick einer sanften, weißen Landschaft erfreuen, zerbrechen sich ältere Mitmenschen den Kopf, wie sie den zugeschneiten Weg freikriegen, damit sie die nötigen Besorgungen machen können. Viele wagen sich gar nicht hinaus, weil sie Angst haben hinzufallen. Andere sind schwer krank und wissen, daß der Tod im Winter häufiger anklopft als im Sommer . . .
Während wir unser Haus mit einer Ölheizung schön regelmässig warm halten, ohne daß wir dafür die geringste körperliche Arbeit leisten, sorgen sich andere ums nötige Holz oder um Kohle. Und mit jedem Morgen kommt die Arbeit des Anheizens. Das Holz muß vorbereitet, die Kohle herangeschafft sein.
In der Tat, der Winter ist für viele alles andere als poetisch. Er ist eine harte, unangenehme Zeit, die Angst und Sorge bringt. Wer dies bedenkt, müßte die Verpflichtung spüren, die sich daraus ergibt. Es gibt Leute, die unsere Hilfe und Solidarität brauchen. Ein Besuch bei kranken und alten Menschen wird im Winter doppelt geschätzt.
Wenn der Winter Menschen in Sorge bringt, dann liegt es an mir zu helfen, daß diese Jahreszeit gut überstanden wird, durch Besuche, Briefe und kleine Hilfeleistungen.

Und das gilt erst recht, wenn es in einem Menschen selbst kalt und windig wird. Was kann ich tun, damit ihm die Winterzeit erträglich wird? Muß ich ihm zeigen, daß jemand zu ihm steht und ja sagt zu ihm, so wie er ist.

Briefeschreiben

Manchmal komme ich mir vor, als hätte ich den Anschluß an die Zeit verpaßt. Ich gehöre zu der aussterbenden Gruppe von Menschen, die noch für ihr Leben gern Briefe schreiben und in Empfang nehmen. Der Augenblick morgens, wenn der Briefträger kommt und die Post abgibt, gehört für mich zu den erregendsten des Tages. Es kommt vor, daß ich manchmal auch leer ausgehe oder nur eine Zeitschrift durch den Briefschlitz der Haustür geschoben wird. Dann hat der Tag bereits ein anderes Gesicht: er ist farbloser geworden als jene glücklichen Tage, an denen ich einen oder mehrere Briefe erhalte. Ich ahne, daß hinter dem Briefeschreiben noch eine andere Tiefe steckt – es ist die Sehnsucht nach Verbundenheit. Ein Brief kann diese Verbundenheit nachhaltiger werden lassen als der herzlichste Telefonanruf. Denn Briefe sind, so intensiv sich die Biographie des einzelnen in ihnen ausdrückt, auch Zeugnis kollektiver Erfahrung, aus der es kein Entrinnen gibt. Vielleicht sind Briefe deshalb Zeichen der Verbundenheit, weil sie gleichsam unsere „Herz-Texte" sind . . .

Was geschieht mit jemandem, der Briefe schreibt und dessen Herz klopft, wenn die Post morgens kommt? . . . Wer Briefe schreibt, der mag einen Zugang zur Welt entdecken, er mag sich selbst in die Geschicke der Menschen verstrickt finden. Wer es lernt, sich in Briefen selbst zur Sprache zu bringen, kann die Verwandlung der arktischen Wirklichkeit unserer Beziehungen in eine bewohnbare Erde erleben, die warm ist und ihn wärmen kann. Manchmal kommt es mir so vor, daß ich mich beim Schreiben und Lesen von Briefen verwoben in die Poesie des Lebens erfahre, meine Gratwanderungen und Grenzübergänge authentischer erlebe. Ein Mensch, der Briefe schreibt, widersteht vielleicht sogar der Versuchung, sich aus der heillosen Wirklichkeit davonzustehlen, weil er Einsicht gewonnen hat in die großen Linien der

Kontinuität des Lebens, wie sie sich in Bildern und Symbolen ausdrükken. Er wird angesichts vereister gesellschaftlicher und individueller Beziehungen nicht in die Sprachlosigkeit geraten – im Gegenteil, er wird Sprache und Begegnungsfähigkeit gewinnen, weil er die Verbundenheit, die Teilnahme, die Sympathie wagt ... Wer in dieser Zeit Briefe schreibt und beim Schreiben auch Wirklichkeit verarbeitet und mitteilt, dem kann es ergehen, wie Peter Suhrkamp es gezeichnet hat: „Es kommt vor; daß man es lebendig in sich spürt; man fühlt das Leben anders; und plötzlich hat man Fähigkeiten, die man nicht ahnte. Dem Blick tut sich eine Weite und Tiefe auf, wo Augen niemals hinreichten." Denn in Briefen, durch das Sprach-Spiel unserer Herz-Texte, können wir die Erfahrungen unserer Verwundung und Heilung aufnehmen und verarbeiten.

Briefe können Zeichen sein, die alles wenden, auch wenn sie von nichts anderem künden als dem täglich von uns gelebten Leben. Auch die Bibel, in die verschiedene Briefe aufgenommen sind, spricht von keiner anderen Wirklichkeit als der alltäglichen, auch dort nicht, wo ungewöhnliche Erfahrungen gemacht werden. Sie werden ja im hier und jetzt gelebten Leben gemacht: bei der Mühsal des täglichen Fischfangs, im Zusammensein der vertraut gewordenen Menschen, beim gemeinsamen Mahl ...
Briefe sind wie Wein und Brot, für viele sind sie sogar mehr als Brot: eine Wohnung, in welcher der dunkle Augenblick ertragen werden kann, ein Haus, dessen Lichter in die Seele fallen und dort wärmen und leuchten, eine Straße, die unabsehbar auf den Weg führt. Wir fangen leer an, wenn wir einen Brief öffnen und zu lesen beginnen, und können am Ende der Lektüre gefüllt sein, unglaublich erfüllt von Gewißheit und Geborgenheit. Wir können plötzlich, in der unsichtbaren Verbindung mit dem Absender, den Grundriß einer neuen Welt und besseren Zukunft erkennen, wir können in der Tiefe unserer Erfahrungen, auch dort wo sie notvoll und schmerzlich sind, die Leichtheit und Leidenschaft des Lebens entdecken ...

Text-Grafik:
Paul Diethelm, Luzern

Neben Gesprächen und Begegnungen waren und sind es vor allem Briefe, die mich aufgerufen haben, der Erde treu zu bleiben und den Menschen zu sehen, mich nicht zu verlieren und in selbsterdachte Träume zu fliehen, sondern nach *vorwärts* zu träumen und zu wünschen. Ich bin, Briefe schreibend und Briefe lesend, noch unterwegs und doch schon daheim. Fridolin Stier schreibt: „Einige Augenblicke fühlt sich das Sein auf der Erde wie Heimat an" – solche Augenblicke sind es, wenn ich das Gesetz des Lebens in mir spüre, die persönlich an mich gerichteten Briefe öffne und weiß: Du bist nicht allein, du bist gehalten im Glück der Menschen, das sich Verbundenheit und Begegnung nennt.

Johannes Thiele

Lebenskunst

„Lebenskunst ist die Bereitschaft glücklich zu sein", habe ich gelesen! Das tönt zu einfach, nicht wahr? Wer möchte nicht glücklich sein! Aber der Satz gefällt mir doch. Er enthält die Aufforderung, dieses Leben bewußt wahrzunehmen und den Sinn auch im Kleinen zu entdecken. Wir dürfen mit offenem Sinn und Herz durch die Welt gehen und genießen. Ich glaube, wer genießen kann, der kann auch echt mitleiden. Wir haben ja beim Wort „genießen" nicht ganz zu Unrecht ein schlechtes Gewissen. Und doch ... Wir sind vor Jahren einmal mit einem Südamerikaner gereist. Die Schweizer in der Gruppe haben sich dabei, was Unterkunft und Essen betraf, fast krampfhaft um einen „einfachen Lebensstil" bemüht. Der südamerikanische Freund dagegen, der tatsächlich aus sehr einfachen Verhältnissen stammte, hat uns immer wieder mit irgendwelchen leckeren Sachen überrascht und mit seiner Lebensfreude angesteckt. – Das war eine gute Lektion!

Wenn ich Lebenskunst sage, dann meine ich die Fähigkeit, mit den vielen Spannungen zurechtzukommen: ich möchte mich wohlfühlen, bei mir zuhause sein, und ich möchte auch nach außen treten und neues kennenlernen; vor allem möchte ich mich den großen Fragen dieser Zeit stellen: Warum gibt es keinen Frieden? Warum beseitigen wir den Hunger nicht, obwohl wir dazu imstande wären? Mit so schwergewichtigen Fragen umgehen können und darin den Spielraum eigener Aktivität finden, ohne dabei die eigenen persönlichen Bedürfnisse zu vernachläßigen: das wäre Lebenskunst. Ich kenne viele Menschen, die sehr engagiert in diesem Leben stehen und sich z.B. mit all ihren Kräften für die Dritte Welt einsetzen, und ich kenne viele, die sehr sensibel sind für alles Zwischenmenschliche und in der Stille und Meditation tiefe Erfahrungen machen. Ich kenne wenige, die beides zusammenbringen, Kampf und Kontemplation. Aber es wäre lernbar.

Beim Holzschneider

Es ist Mitte März. Auf den Wiesen und an den Nordhängen liegen große und kleine Tücher von altem Schnee. Noch ist die Handschrift des Winters lesbar, die weichen Linien der Landschaftszeichnung sind gut zu erkennen; vielleicht sogar besser als im Sommer, wenn ein gleichmäßig grüner Teppich über der Landschaft liegt.
Noch hat das Grün der Wiesenstreifen am Rand der Schneetücher keine Kraft. Im Gegenlicht erscheinen Wiesen, Wälder und Hecken fast als schwarz. Von diesem Kontrast von Schwarz und Weiß ist die Landschaft geprägt, Mitte März.
Ich betrete mit meiner Schulklasse das kleine Atelier des Holzschneiders im Nachbardorf. Es riecht nach Druckerschwärze, auf dem großen Tisch liegt Werkzeug aller Art, an den Wänden hängen Ausstellungsplakate mit alten Daten und Probedrucke. Der Holzschneider, ein großgewachsener Mann mit grauem Vollbart und hellen Augen, begrüßt uns herzlich. In einfachen, aber präzisen Worten erklärt er seine Arbeit. Viele von uns lassen ihren Blick zu einigen großformatigen Probedrukken schweifen, die zwei mächtige Bäume im Blust darstellen. Die ganze Sehnsucht nach einer Natur, die neu aufblühen kann, nach der harten Winterzeit, liegt im Bild. Eine sanfte, strahlende Kraft liegt drin, obwohl es nur in schwarz-weiß gehalten ist. Ich verzichte auf die Farbe, sagt der Holzschneider. Ich möchte mit meinen Bildern auf das Wesentliche zurückführen. Je einfacher die Ausdrucksmittel, umso besser . . . Einfach heißt allerdings nicht leicht oder leichtfertig. Der Künstler erzählt uns, daß er in oft mühsamer Kleinarbeit die Form aus dem Holz schneide und solange Probeabzüge mache und überarbeite, bis er zufrieden sei; bis sein inneres Bild eine Entsprechung auf dem Papier habe.
Die Landschaft und die Menschen, etwa in einem Altersheim, beschäf-

tigen den Holzschneider. Viele Motive sind der Winterlandschaft entnommen. Sie haben sich ihm auf Wanderungen in der nahen Umgebung eingeprägt. Ein inneres Bild entsteht. Was der Künstler in seiner Wahrnehmung als wesentlich empfindet, prägt sich ihm ein. Manchmal packt es ihn, treibt ihn um. So ist er nach Monaten über viele hundert Kilometer nach Ungarn zurückgefahren, um das Bild einer Gruppe abgesägter Bäume noch einmal in sich aufzunehmen. Noch ist kein Holzschnitt davon entstanden. Aber das innere Bild ist lebendig, es braucht vielleicht eine Verarbeitung anderer Art.

So, mit dem Blick des aufmerksamen Menschen, Umwelt wahrnehmen, sich treffen lassen, nicht viel sehen, aber weniges gut, mit dem Herzen – das möchte ich lernen. Das ist nicht nur dem Künstler möglich. Auch meine Schüler, die in zwei Wochen ihr Berufsleben anfangen, können dies lernen.
Das ist ja das „Najenriet", sagt ein Schüler. Das kenne ich gut. Und jetzt erkennen viele in den Bildern eine Umwelt, die ihnen vertraut ist. Es scheint, daß die Schüler spüren, wie ein Mitmensch seine Umwelt auf ganz eigene Weise wahrnimmt. Es ist keine Photographie, es ist ein inneres Abbild, verarbeitete Wahrnehmung.
Zwei Schüler bemerken die Preise der Bilder und fragen, ob man vom Holzschneiden leben könne. Der Künstler sagt in vornehmer Zurückhaltung, daß man zwar nicht reich werden könne, aber mit etwas Einschränkung gehe es doch. Er spüre einfach, daß er Holzschnitte gestalten müße. Seit dreizehn Jahren sei dies seine große Leidenschaft, nach vielen Arbeitsjahren in anderen Berufen.
Das große Wort von der Berufung kommt mir in den Sinn. Und ich bin froh, daß die Schüler mit einer Lebensform in Berührung kommen, in der nicht nur Aufstieg und Erfolg zählen.

Der Künstler heißt Ruedi Peter und wohnt im Appenzeller Vorderland.
Die Holzschnitte in diesem Heft und auf der Textkarte „Brachzeit" (Bestell-Nr. 975), die zum Heft erschienen ist, stammen aus seiner Werkstatt.

Spurenlesen

Ich mag Menschen, die Geschichten erzählen. Geschichten, aus denen deutlich wird, daß eine Erfahrung in ihr Leben eingegangen ist und sich eine neue Form gesucht hat. Geschichten, aus denen Spuren der Wege zu erkennen sind, die diese Menschen gegangen sind. Im letzten Winter brachte mir die Post ein Päckchen. Es enthielt „Geschichten und Notizen aus einem Lernprozeß", hatte einen frischen, frühlingsgrünen Schutzumschlag und trug den sommerlichen Titel „Der Apfelschnüffler" (F. Reinhardt Verlag, Basel 1982). Das Buch war schlicht schön, und ich habe angefangen zu blättern. Mich hat berührt, daß es noch Autoren und Verlage gibt, für die Bücher mehr sind als Ware. „Der Apfelschnüffler" strahlt eine greifbare Sorgfalt im Umgang mit dem Material Papier aus. Die Inhalte sind liebevoll in Schrift-Sprache übertragen. Man bleibt an den Geschichten dieses Buches hängen, z. B. an der vom „König mit den leeren Händen", der noch immer in seinem Zimmer sitzt „und nicht weiß, was er mitbringen soll. In ihm ist nur Unruhe, Suchen, Fragen, Warten, Zweifeln. Er hat nichts vorzuweisen. Seine Hände sind leer . . ."
„Der Apfelschnüffler" steckt voller Geschichten. Der Lehrer Bruno Dörig hat sich nach betriebsamen Lehr- und Wanderjahren in der Erwachsenenbildung und der Pfarreiarbeit wieder zurückbesonnen auf seinen Anfang. Er hat Spurensuche betrieben. „Ich möchte einfach neben die vielen theoretischen Bücher übers Lernen diese Geschichten vom Weg stellen und uns alle ermuntern, mehr von dem zu erzählen, was wir erfahren, wenn wir unterwegs sind." Es wird um solche Bücher heutzutage wenig Lärm gemacht, sie verschwinden manchesmal zu rasch in den Bücherregalen der Buchhändler, noch bevor sie entdeckt worden sind. Hier wäre etwas zu entdecken – für den Buchhändler und jeden Leser, der selbst auf dem Weg ist.
Jürgen Schwarz

• Der Winter ist eine Einladung zum Ausruhen und Zusichkommen. Zum Nachfühlen und Wirkenlassen. Zum Distanzgewinnen und Erwägen. Zum Wiederholen und Begreifen. Zum Vertiefen und Auskosten. Zum Raumgeben und Beherzigen. Zum Verdauen und Verarbeiten. Zum Ertragen und Durchstehen. Zum Kraftholen und Widerstehen. Zum Demutlernen und Verzeihen. Zum Danken und Loben. • Der Winter ist eine Einladung zum Schauen und Hören. Zum Schmecken und Riechen. Zum Tasten und Fühlen. Zum Wohnen und Genießen. Zum Erzählen und Singen. Zum Spielen und Tanzen. Zum Diskutieren und Pläneschmieden. Zum Basteln und Werken. Zum Strikken und Schneidern. Zum Musizieren und Malen. Zum Dichten und Vorlesen. Zum Drandenken und Briefschreiben. Zum Bücherlesen und Wiederlesen. Zum Phantasieren und Erfinden. • Der Winter ist eine Einladung zur Lebenskunst.

Seit wir hier im Appenzellerland wohnen, greift der Winter viel stärker in unser Leben ein. Er bringt mehr Wind und Kälte, mehr Dunkelheit und mehr Schnee als in der Stadt. Es kommt vor, daß wir auswärtige Abmachungen nicht oder nur schwer einhalten können, weil zuviel Schnee auf der Straße liegt und das Autofahren zum Alptraum wird. Es ist offensichtlich, der Winter will bei der Gestaltung des Terminkalenders mitreden.
Tatsächlich bedeutet der Winter auch eine Einschränkung unserer Bewegungsfreiheit. Das empfanden wir am Anfang als negativ, bis wir begannen, uns auf den Winter einzulassen. Man darf ihn nämlich nicht nur in Kauf nehmen, man muß mit ihm rechnen, sich auf ihn einstellen. Dann entdeckt man nach und nach etwas von seinem verborgenen Sinn.
So ist uns der Winter heute, neben allem Unangenehmen, vor allem eine Einladung zur Stille, zum Nachdenken und Vertiefen. Es ist, als wollte er sagen: Halte es für eine Weile bei dir selbst aus! Laß ruhen, was das Jahr über in Bewegung ist; hole heim, was zerstreut ist und beschränke dich auf das Wesentliche!
Der Sommer ist die Zeit der Bewegung, des Reisens und Ausschwärmens. Der Winter schenkt Zeit zur Vertiefung des Erlebten. Wir sollen versuchen, die Ereignisse des Jahres zu verstehen und zu verarbeiten. So kann sich zeigen, welche Erinnerungen Nährwert haben.
Bewegen und Ausruhen, Aufnehmen und Abgeben, Sammeln und Zerstreuen, Blühen und Vergehen – das ist der uralte Rhythmus, den uns die Natur vorgibt. Wir sollen uns in diesen Rhythmus einfügen! Das ist es vor allem, was uns der Winter sagt, wenn wir uns auf ihn einlassen.

Winter

Wenn jemand sagt, er erlebe – z. B. im Geschäftsleben oder in der Ehe – eine Zeit des Winters, so hat das offensichtlich einen eher unerfreulichen, fast negativen Klang. Wer Winter sagt, meint Kälte und Frost, Schnee und Eis. Die Erde, die im Sommer Blumen und Früchte hervorbringt, ist hart und gefroren, scheinbar ohne Leben. Wer in einem Lebensbereich Winter erlebt, kann sich nicht am Ernten erfreuen; Ertrag und Erfolg sind nicht in Sichtweite. Die Hoffnung auf eine neue Blüte- und Erntezeit ist nicht sehr stark. Aber immerhin, es könnte sein, daß ...
Der Winter ist nicht die Zeit der lebhaften Kontakte und der lauten, farbigen Feste. Wer hinaus muß auf die Straße, bleibt kaum zu einem gemütlichen Schwatz stehen. Die Leute auf den Plätzen und Straßen ziehen den Kopf gegen die Schultern, wie wenn sie das bißchen Wärme, das der eigene Körper schenkt, besser zusammenhalten wollten. Es zieht sie nach Hause, an die Wärme.
Der Winter ist nicht die Zeit der großen Reisen. Man schwärmt nicht aus, man zieht sich zurück, so wie sich das Leben vieler Pflanzen in die Knollen und Zwiebeln zurückzieht. Immerhin, ein Rückzug, der seine Chancen birgt ...
Winter meint auch eine Zeit der Ent-Täuschung. Manche große Erwartung aus dem Frühling und manche Hoffnung auf eine reiche herbstliche Ernte hat sich nicht erfüllt. Die Vorratskammern haben sich nicht im erwarteten Maß gefüllt ... Der Winter weiß am besten, was der Sommer gebracht hat, sagt man in Dänemark. Dieses Wissen um Leistung und Lücken, um Verdienst und Versagen kann heilsam sein ...
Winter heißt auch mehr Dunkelheit. Die Tage sind kürzer, manchmal auch düster, grau und trüb. Dunkelheit scheint in unserer Zeit etwas zu